FSC MIX
Paper | Supporting responsible forestry
FSC® C019910
www.fsc.org

Penguin Random House Verlagsgruppe
FSC® N001967

Für Stephen, der uns 2002 auf die langsamen Würmer im Komposthaufen aufmerksam machte.
Für Jamie, der 2018 mit mir auf dem Stadtbauernhof die Ziegen streichelte.
Für meinen Vater, meinen Partner und für alle, die die Natur lieben.

1. Auflage 2025
Text und Illustrationen © 2025 Jennifer N. R. Smith
© der deutschsprachigen Ausgabe 2025 cbj Kinder- und Jugendbuchverlag in der Penguin Random House Verlagsgruppe GmbH, Neumarkter Str. 28, 81673 München
Alle deutschsprachigen Rechte vorbehalten
Zuerst erschienen 2025 unter dem Titel »LIFE – the Wild Wonders of Biodiversity«
bei Thames & Hudson Ltd, 181A High Holborn, London WC1V 7QX
Übersetzung aus dem Englischen: Ulrike Hauswaldt
Lektorat: Almut Schmidt
Cover- und Innenillustration: Jennifer N. R. Smith
Umschlagkonzeption: Lena Ellermann, Potsdam
aw · Herstellung: aw
Satz: Lorenz+Zeller GmbH, Inning a. A.
Druck: Artron Art (Group) Co., Ltd.
ISBN 978-3-570-18259-8
Printed in China
www.cbj-verlag.de

JENNIFER N. R. SMITH

LIFE

Die BUNTE VIELFALT des LEBENS

cbj

INHALT

DIE BUNTE VIELFALT DES LEBENS

IRGENDWO IN EINEM REGENWALD: EIN AFFE PFLÜCKT EINE FRUCHT von einem Baum und frisst sie. In seinem Magen sind winzige Bakterien, die die Frucht in kleinere Bestandteile zerlegen. Sie helfen ihm bei der Verdauung. Später macht der Affe einen Haufen und hinterlässt mit seinem Kot auch die Samen der Frucht auf dem Waldboden. Einer der Samen keimt und wächst über viele Jahre zu einem großen Baum heran. Mit seinen Früchten versorgt der Baum Generationen von Affen und wird für viele andere Tierarten zum Lebensraum.

3.

Für die bunte Vielfalt des Lebens auf der Erde gibt es ein Fachwort: **BIODIVERSITÄT**. Alle Lebewesen sind auf bestimmte Weise voneinander abhängig und miteinander verflochten. Ein einzelnes Lebewesen wird auch **Organismus** genannt. Alle Organismen haben ein paar Dinge gemeinsam:

Sie **BEWEGEN** sich.
Sie betreiben **GASAUSTAUSCH**, zum Beispiel, indem sie **ATMEN**.
Sie **NEHMEN** Veränderungen in ihrer Umgebung **WAHR**.
Sie brauchen **NÄHRSTOFFE**.
Sie verwerten sie und **SCHEIDEN** einen Teil davon wieder **AUS**.
Sie **PFLANZEN** sich **FORT**.
Sie **WACHSEN**.

1.

Wie die einzelnen Lebewesen diese Dinge tun, das kann sehr unterschiedlich sein. Die Bewegung ist beim Gepard ein Rasen mit bis zu 120 Stundenkilometern, während ein Gänseblümchen seine Blüte über den Tag hinweg so dreht, dass sie immer zur Sonne gerichtet ist. Gasaustausch bedeutet für einen Tukan, dass er mit seinen Lungen atmet, also den **Sauerstoff** aus der Luft aufnimmt, und für einen Fisch, dass er den Sauerstoff mit seinen **Kiemen** aus dem Wasser holt. **Ausscheidung** kann Pipi-und-Kacka-Machen bedeuten oder aber das Ausstoßen von Wasserdampf durch die Blätter – wenn das Lebewesen ein Baum ist.

Keine Frage, das Leben auf der Erde ist unheimlich vielfältig, und wir brauchen diese Vielfalt für einen gesunden Planeten!

VIELFALT IM REGENWALD

1. BROTNUSSBAUM MIT BEEREN (*BROSIMUM ALICASTRUM*)
2. GOLDSTIRNKLAMMERAFFE   3. KAPOKBAUM
4. REGENBOGENTUKAN
5. PHANTOMSCHMETTERLING (*CITAERIAS PIRETA*)
6. JAGUAR   7. PFEILGIFTFROSCH

2.

JEDER BRAUCHT EIN ZUHAUSE

GEMÜTLICH ZU HAUSE ZU SEIN, GESCHÜTZT VOR REGEN UND SCHNEE – WUNDERBAR, ODER?

Wenn du Glück hast, kommst du jederzeit an Nahrung und hast fließendes Wasser aus dem Wasserhahn.
Wir umgeben uns mit allem, was wir brauchen, und mit Sachen, die das Leben angenehmer machen.

DAS HABITAT

Das Zuhause eines Tiers oder einer Pflanze wird **Habitat** genannt:
Das Habitat ist das gesamte Gebiet, in dem das Lebewesen
Schutz, Nahrung und Wasser findet – alles, was es zum Überleben
braucht. Ein Habitat kann sehr groß sein. Beim Afrikanischen
Elefanten umfasst es grasbewachsene Savannen, Wüstengebiete,
Sümpfe und Wälder. Elefanten legen große Entfernungen
zurück, um Nahrung zu finden.

KLEINE ZUHAUSE FÜR KLEINE LEBEWESEN

Habitate können allerdings auch sehr klein sein. So bilden die
Bromelien (Ananasgewächse) im Regenwald **Mikrohabitate** für
verschiedene Froscharten, zum Beispiel den Bromelienlaubfrosch.
Die Blätter der Pflanze wachsen so, dass sich in ihrer Mitte Regen-
wasser sammeln kann. Die Laubfrösche legen ihre Eier in diese
Mini-Teiche. Aus den Eiern schlüpfen Kaulquappen, die Algen
fressen, außerdem Insekten und andere Leckerbissen, die in das
Wasser fallen. So wachsen in der Bromelie kleine Frösche heran.

DAS ÖKOSYSTEM

Das Wort **Ökosystem** bezeichnet die Gemeinschaft verschiedener
Lebewesen in einem Lebensraum und die Art und Weise, wie sie
miteinander leben. Alle Tiere, Pflanzen und Pilze in einem Ökosystem brauchen sich gegenseitig, um zu überleben.

Ein Beispiel für ein sehr vielfältiges Ökosystem sind die Wälder aus
Seetang an den Meeresküsten. In diesen »Kelpwäldern« leben viele
verschiedene Fische, Seeigel und andere kleine Meeresbewohner,
die den Tang fressen. Das lockt wiederum größere Tiere an, die die
kleinen Tiere fressen: Robben und Seeotter. Die Ausscheidungen
dieser Räuber enthalten Nährstoffe, die der Seetang zum Wachsen
braucht. Für das Zusammenleben im Ökosystem sind also alle
nötig: der Tang, die kleinen und die großen Meerestiere.

LEBENSRAUM KELPWALD

1. RIESENTANG *(MACROCYSTIS)* **2.** SEEOTTER **3.** RIFFBARSCH
4. SEEHUND, EINE ROBBENART **5.** SEEIGEL

DIE BIOME DER ERDE

ES GIBT GROSSE BEREICHE AUF DER ERDE, IN DENEN EIN BESTIMMTES KLIMA HERRSCHT
und Lebewesen ähnliche Bedingungen vorfinden. Ein solcher Lebensraum und alle darin lebenden Tiere
und Pflanzen wird Biom genannt. Ein Biom kann viele verschiedene Ökosysteme und Habitate enthalten.
Zu den großen Biomen zählen die Ozeane, die Wüsten, Wälder, Steppen und Savannen.

TUNDRA

Die Tundra ist eine eisige Wüste, in der
keine Bäume wachsen und wo es sehr
wenig regnet. Tundren sind die kältesten
Biome. Sie befinden sich in Nähe der
Arktis, der Antarktis oder auch im
Hochgebirge. Die meiste Zeit des Jahres
sind sie von Schnee und Eis bedeckt,
aber es gibt eine kurze Jahreszeit, in der
nach der Schneeschmelze Moose,
Gräser und widerstandsfähige Zwerg-
sträucher wachsen.

REGENWALD

Es gibt verschiedene Arten von Wald-Biomen. Laub- und Misch-
wälder gedeihen in Gebieten mit gemäßigtem Klima, wie bei uns.
Große Nadelwaldgebiete gibt es weiter im Norden, wo es kühler ist.
Sie werden auch Taiga genannt. In warmen, tropischen Gebieten
wächst der Regenwald, ein sehr dichter und hoher Wald, in dem es
häufig regnet. Von allen Wäldern ist er am artenreichsten.

GRASLAND

Dieses Biom ist eine weite, offene, grasbewachsene Fläche. Größere Pflanzen wie Bäume können sich hier kaum ansiedeln, weil es so selten regnet und weil große Tiere die Sprösslinge fressen und niedertreten. Die Graslandschaften in tropischen Gebieten nennt man Savannen, die in gemäßigtem Klima Steppen.

GEWÄSSER

Ungefähr 70 % der Erdoberfläche sind mit Wasser bedeckt. Kein Wunder, dass Gewässer die größten Biome bilden. Man unterscheidet Süßwasser- und Salzwasser-Biome. Seen und Flüsse gehören zu den Süßwasser-Biomen, während Meere und Ozeane Salzwasser-Biome sind.

Tundra
Nördlicher Nadelwald
Laub- und Mischwald
Steppe
Regenwald
Wüste
Savanne
Buschland

WÜSTE

Von allen Biomen sind die Wüsten am trockensten. Hier regnet es fast nie. In der Wüste ist es tagsüber sehr heiß und nachts richtig kalt.

GROSS UND KLEIN

DU BIST AUF EINEM BOOT UND BLICKST AUF DEN OZEAN HINAUS.

Plötzlich spritzt eine gewaltige Fontäne auf. Etwas Riesenhaftes schwimmt am Boot vorbei. Für einen kurzen Moment hebt sich eine gigantische Schwanzflosse aus dem Wasser, dann verschwindet das Wesen in die Tiefe. Es ist ein Blauwal, das größte Tier auf der Erde! Das Leben kommt in so unterschiedlichen Größen und Formen daher. Was ist die größte Lebensform, was die kleinste?

DER GRÖSSTE DER GROSSEN

Du wirst staunen, welches das größte Einzellebewesen auf der Erde ist. Es ist kein Wal – sondern eine Wasserpflanze!

Wie ist das möglich? Manche Lebewesen sehen aus wie eine Gruppe von vielen einzelnen Lebewesen, sind aber ein einziger Organismus, der sich durch sein Wurzelgeflecht über eine riesige Fläche ausgebreitet hat. So ist es bei dem Seegras *Posidonia australis*, das vor der Westküste Australiens 200 Quadratkilometer Meeresboden bedeckt. In diese Fläche würden 28.000 Fußballfelder hineinpassen.

DER KLEINSTE DER KLEINEN

Es ist unmöglich zu sagen, welches das kleinste Lebewesen auf der Erde ist. Kleine Lebewesen sind schließlich leicht zu übersehen, und wir haben noch längst nicht alle entdeckt. Viele Lebewesen sind so winzig, dass man sie nur unter einem Mikroskop erkennen kann. Sie werden **Mikroorganismen** genannt.

Alle Lebewesen – auch die Mikroorganismen – bestehen aus kleinsten Baueinheiten, den **Zellen**. In deinem Körper arbeiten einige Billionen Zellen sinnvoll zusammen. Es gibt jedoch auch Lebewesen, die nur aus einer einzigen Zelle bestehen. Sehr wahrscheinlich ist ein Einzeller die kleinste Lebensform auf der Erde.

Wir sind ständig von der unsichtbaren Welt der Mikroorganismen umgeben. Auch wenn wir sie nicht sehen, ist ihre Vielfalt für uns genauso wichtig wie die der größeren Lebewesen. Das gilt vor allem für die Bakterien, eine Untergruppe der Mikroorganismen. Während wir durch manche von ihnen krank werden können, brauchen wir andere, um zu überleben: Die Bakterien in unserem Darm zersetzen alles, was wir essen, und helfen bei der Verdauung. Andere Bakterien bauen abgestorbenes **organisches Material** ab, sodass fruchtbare Erde entsteht, auf der wir Pflanzen anbauen können.

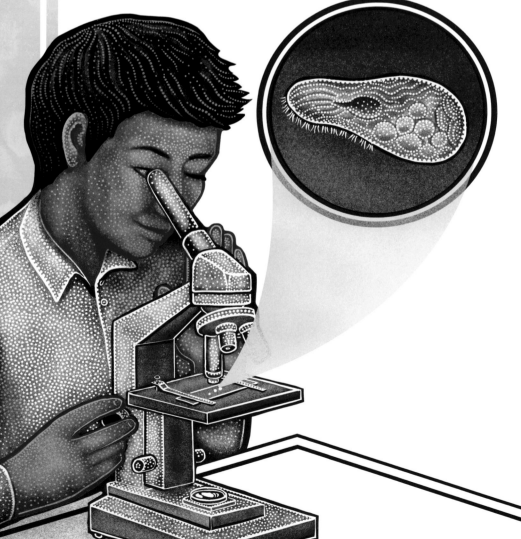

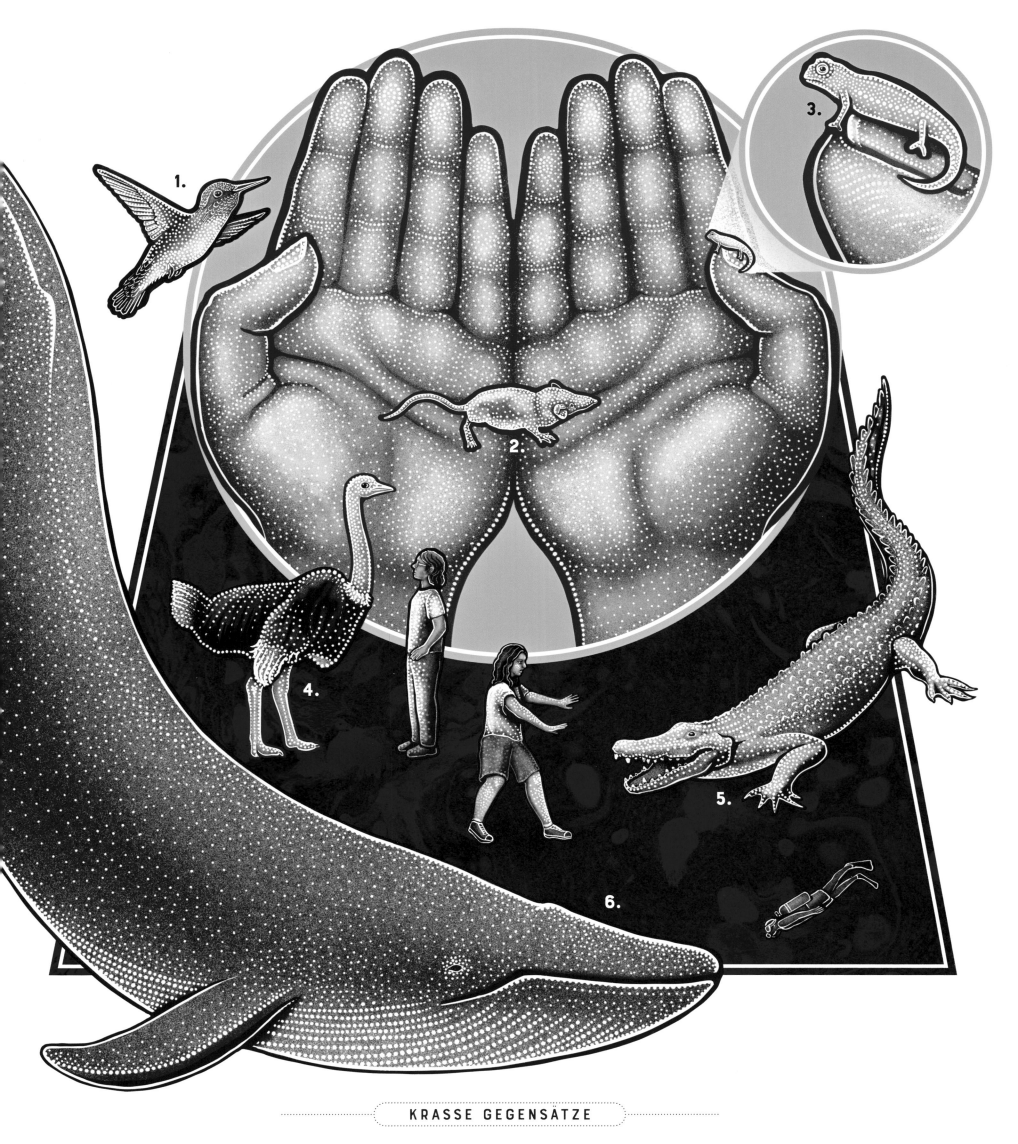

KRASSE GEGENSÄTZE

1. DER KLEINSTE VOGEL: BIENENKOLIBRI **2.** DAS KLEINSTE SÄUGETIER: ETRUSKERSPITZMAUS

3. DAS KLEINSTE REPTIL: NANO-CHAMÄLEON **4.** DER GRÖSSTE VOGEL: STRAUSS

5. DAS GRÖSSTE REPTIL: LEISTENKROKODIL **6.** DAS GRÖSSTE SÄUGETIER: BLAUWAL

DAS TIERREICH UND DAS PFLANZENREICH

DAS LEBEN AUF DER ERDE IST SO VIELFÄLTIG, DASS ES SINNVOLL IST, ES IRGENDWIE ZU ORDNEN.

Es gibt das Reich der Tiere, das der Pflanzen und – als besondere Gruppe – das Reich der Pilze.

PROTISTEN

PFLANZEN

TIERE

PILZE

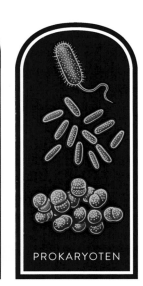

PROKARYOTEN

WIRBELTIERE

WAS GEHÖRT ZUSAMMEN?

Die einzelnen Reiche umfassen eine riesige Vielfalt an Lebewesen. Je nach Ähnlichkeit werden sie weiter unterteilt. Die Gruppen werden in Untergruppen aufgeteilt, die auch wieder Untergruppen haben. Ein Regenwurm und ein Tiger zum Beispiel gehören beide zum Reich der Tiere, sind aber höchst unterschiedlich. Tiger gehören zum Unterstamm der **Wirbeltiere** – das sind alle Tiere, die eine Wirbelsäule haben –, während Regenwürmer zu den **Wirbellosen** gehören. Beide Gruppen gliedern sich weiter auf, die Wirbeltiere in Fische, Reptilien, Amphibien, Vögel und Säugetiere.

WIRBELLOSE

SÄUGETIERE

VÖGEL

REPTILIEN

AMPHIBIEN

FISCHE

ARTHROPODA

Krebse, Insekten

TARDIGRADA

Bärtierchen

CHORDATA

Wirbeltiere

ECHINODERMATA

Seesterne, Seeigel

NEMATODA

Fadenwürmer

MOLLUSCA
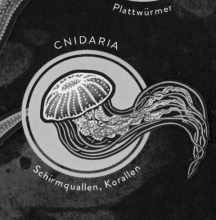
Schnecken, Muscheln, Tintenfische

ANNELIDA

Regenwürmer

PLATHELMINTHES
Plattwürmer

WIE ALLES BEGANN

Vieles deutet darauf hin, dass alle heute bekannten Lebensformen einen gemeinsamen Vorfahren haben, der vor ungefähr 3–4 Milliarden Jahren lebte. Aus dieser Zeit gibt es zwar keine **Fossilien**, aber wir gehen davon aus, dass es ein einzelliges Lebewesen war, ähnlich einer Bakterie.

Die vielen Nachkommen dieses Einzellers veränderten sich mit der Zeit, bildeten verschiedene Eigenarten und Merkmale aus und wurden so über einen langen Zeitraum hinweg zu unterschiedlichen Lebewesen. Diesen Vorgang nennt man **Evolution**.

Manchmal werden Lebewesen einer Art voneinander getrennt und entwickeln sich dann in ihren unterschiedlichen Lebensräumen auch unterschiedlich weiter. Lebewesen passen sich immer an ihre Umgebung an, um zu überleben. Auf diese Weise bilden sich mit der Zeit neue Arten.

Im Lauf von Jahrmillionen sind immer neue Zweige am Baum der Evolution entstanden, haben sich weiter verzweigt und so eine riesige Vielfalt an Leben erschaffen.

Die Evolutionstheorie war für die Ordnung des Tier- und Pflanzenreichs sehr wichtig. Man versuchte, solche Lebewesen zusammenzufassen, die durch ihre Entwicklungsgeschichte nahe miteinander verwandt sind. Auch du bist mit deinen Geschwistern näher verwandt als mit deinen Cousinen, da der gemeinsame Vorfahr eine Generation näher an euch dran ist.

PORIFERA

Schwämme

CTENOPHORA

Rippenquallen

CNIDARIA
Schirmquallen, Korallen

?

WIE MAN SICH ANPASST

DU SIEHST EINE GIRAFFE.

Mit ihrem langen Hals ragt sie wie ein Turm über dir auf.

Wie ist sie nur so groß geworden?

....

VERRÜCKT UND WUNDERBAR

Innerhalb eines langen Zeitraums können sich Lebewesen unglaublich gut an ihre Umgebung anpassen. **Anpassung** hat immer das Ziel, in einem bestimmten Lebensraum möglichst gut klarzukommen. Eigenschaften, die für das Überleben der Art günstig sind, werden häufiger an die Nachkommen weitergegeben. Dadurch nimmt die ganze Art mit der Zeit diese Eigenschaften an.

Aufgrund von Fossilien wissen wir, dass die Vorfahren der heutigen Giraffen deutlich kürzere Hälse hatten. Man vermutet, dass Giraffen deswegen längere Hälse entwickelt haben, damit sie besser an die Blätter hoher Bäume kamen, die für andere Tiere unerreichbar waren. Das hat ihre Aussichten verbessert, so lange zu leben, dass sie Junge bekommen konnten. Aber es gibt noch eine weitere Erklärung für diese Anpassung: Giraffen setzen ihre langen Hälse auch im Kampf untereinander ein. Die Giraffe mit dem längsten Hals hat die besten Chancen im Kampf um Partner oder um ein **Revier**.

SO ENTSTEHEN NEUE ARTEN

Die Lebewesen einer Art können sich so sehr in unterschiedliche
Richtungen entwickeln, dass dabei neue Arten entstehen. Das passiert,
wenn die Lebewesen einer Art in verschiedene Lebensräume wandern
und den Kontakt zueinander verlieren. In den neuen Lebensräumen
müssen sie sich an ganz unterschiedliche Bedingungen anpassen.

Dieses Phänomen kann man sehr gut an den Galapagos-Finken
nachvollziehen. Die einzelnen Inseln dieser Inselgruppe liegen weit
auseinander und sehr weit vom Festland entfernt. Die Finken können
sich also nur mit den Finken auf ihrer eigenen Insel paaren und
Junge bekommen. Mit der Zeit haben sich die Finken jeder Insel an
das dortige Nahrungsangebot angepasst. Manche Finken haben sehr
harte, kurze Schnäbel, mit denen sie gut Nüsse knacken können.
Andere Arten von Galapagos-Finken haben lange, dünne Schnäbel,
mit denen sie den Nektar aus Kakteen trinken können, ohne sich an
den Dornen zu verletzen. Die unterschiedlichen Lebensräume auf den
Galapagos-Inseln und der fehlende Austausch untereinander haben
dazu geführt, dass sich aus einer Finkenart mehrere Arten entwickelt
haben. Das nennt man auch **divergente Evolution**.

ÄHNLICH HEISST NOCH NICHT VERWANDT

Manchmal sehen sich Lebewesen verschiedener Arten sehr ähnlich, ohne miteinander verwandt
zu sein. Man könnte zum Beispiel vermuten, dass ein Igel mit anderen Tieren, die Stacheln haben,
also Ameisenigeln und Stachelschweinen, nah verwandt ist, oder? Doch das ist nicht der Fall.
Alle drei haben ihre Stacheln unabhängig voneinander entwickelt. Alle drei Tierarten hatten
nämlich viele Fressfeinde und brauchten Schutz vor diesen Räubern. Mit der Zeit entwickelten
sie Stacheln auf dem Rücken, was es Angreifern schwer machte, sie zu erbeuten. Sie haben ihr
Problem also mit der gleichen Art der Anpassung gelöst. Die Entstehung ähnlicher Merkmale
bei nicht verwandten Lebewesen nennt man **konvergente Evolution**.

GENETISCHE VIELFALT

HAST DU DICH SCHON MAL GEFRAGT, WARUM MENSCHEN SO VERSCHIEDEN AUSSEHEN KÖNNEN?

Dafür sind unsere Gene verantwortlich, also unsere Erbanlagen. Innerhalb einer Art gibt es eine riesige Vielfalt an Genen. Sie bestimmen, wie wir aussehen, wie wir wachsen und wie der Körper funktioniert. Sie werden von den Eltern an die Kinder weitergegeben.

....

JE VIELFÄLTIGER, DESTO STÄRKER

Gene zeigen sich in allen möglichen Merkmalen. Vielleicht hast du gelocktes schwarzes Haar und deine Freundin hat glattes blondes Haar. Dann sind die Gene, die das Aussehen der Haare festlegen, bei euch ganz unterschiedlich.

Je größer die genetische Vielfalt einer Gemeinschaft von Artgenossen ist, desto gesünder ist sie in der Regel. Jeder Einzelne in einer genetisch vielfältigen Gemeinschaft hat unterschiedliche Stärken und Schwächen, was die Art insgesamt anpassungsfähiger und auch weniger krankheitsanfällig macht.

DER WANDELBARE PILZ

Von allen heute bekannten Arten ist der Gemeine Spaltblättling das Lebewesen mit der größten genetischen Vielfalt. Dieser essbare Pilz ist weit verbreitet. Man findet ihn auf jedem Kontinent außer der Antarktis. Aber der wichtigste Grund für seine unterschiedlichen Erbanlagen liegt darin, dass seine Gene häufig mutieren.

Eine genetische **Mutation** bedeutet eine plötzliche Änderung oder Beschädigung der Erbanlagen. Durch Mutationen kann sich alles, was durch die Gene festgelegt ist, ändern. Das Lebewesen ändert möglicherweise seine Art zu wachsen oder sein Aussehen. Aufgrund seiner hohen Mutationsrate weist der Gemeine Spaltblättling eine besonders hohe genetische Vielfalt auf.

DIE MASSE MACHT'S

Genetische Vielfalt ist sehr wichtig, wenn es um die Rettung gefährdeter Arten geht (siehe Seite 32–33). Man hat herausgefunden, dass eine Art aus mindestens 500 einzelnen Vertretern bestehen muss, damit sie eine gesunde genetische Vielfalt aufweist.

Die Zahl der Balistare auf der Insel Bali war schon mal auf sechs Vögel zusammengeschrumpft. Nachdem sie unter Schutz gestellt wurden, stieg die Zahl auf 50. Da diese 50 jedoch von so wenigen einzelnen Vögeln abstammten, waren sie einander genetisch sehr ähnlich. Um die genetische Vielfalt zu erhöhen, wurden Balistare in mehreren Zoos gezielt vermehrt. Dann wilderte man einzelne Vögel aus, die mit den wilden Balistaren Nachkommen zeugten. So wurden die Balistare durch genetische Vielfalt widerstandsfähiger.

DER RÖMISCHE KLON

Die Nachteile geringer genetischer Vielfalt zeigt das Beispiel der Englischen Ulme. Die Ulme wurde vor gut 2 000 Jahren von den Römern in England eingeführt. Jede englische Ulme ist genetisch identisch mit ihren Vorfahren aus der Römerzeit. Denn diese Baumart vermehrt sich selten durch Samen, sondern viel häufiger, indem aus den Wurzeln neue Schösslinge wachsen, die dann zu Bäumen werden. Der neue Baum ist sozusagen geklont – genetisch gibt es keinen Unterschied zum Nachbarbaum.

Durch Pilz- und Käferbefall erkrankten in den 1970er-Jahren viele Ulmen in Europa. Das Ulmensterben vernichtete ganze Wälder, weil kein Baum Widerstandskraft gegen diese Krankheit hatte. Wenn manche Bäume durch andere Gene widerstandsfähig gewesen wären, hätte sich die Krankheit nicht so stark ausgebreitet. Genetische Vielfalt ist also für jede Art sinnvoll; die Unterschiede machen die Gruppe stärker.

DER KREISLAUF DES LEBENS

ALL UNSERE NAHRUNG ENTSTEHT DURCH DIE KRAFT DER SONNE.

Das Sonnenlicht liefert Energie, die von einem Lebewesen zum nächsten übergeht. Aber um satt zu werden, reicht es nicht aus, draußen ein Sonnenbad zu nehmen. Wie gelangt die Sonnenenergie zu uns?

....

DU BIST, WAS DU ISST

In einer **Nahrungskette** siehst du, wie die Energie von einem Lebewesen auf das andere übergeht.

 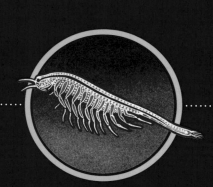 

Pflanzen, Algen und einige Bakterien können ihre Nahrung mithilfe des Sonnenlichts selbst herstellen, durch einen Prozess namens **Photosynthese**. Da sie Nahrung für sich selbst produzieren, werden sie **Produzenten** genannt. Jede Nahrungskette beginnt mit einem Produzenten.

Wer Produzenten frisst, ist ein **Primärkonsument** (erster Verbraucher). Salzwasserkrebse sind zum Beispiel Primärkonsumenten. Sie fressen Algen, die zu den Produzenten gehören.

Der primäre Konsument wird dann vielleicht von einem sekundären (zweiten) Konsumenten gefressen, zum Beispiel der Krebs von einem Flamingo. Übrigens haben Flamingos deswegen ein rosa Federkleid, weil ihre Nahrung rosa ist. Die rosa Farbpigmente sind bereits in den Algen enthalten.

 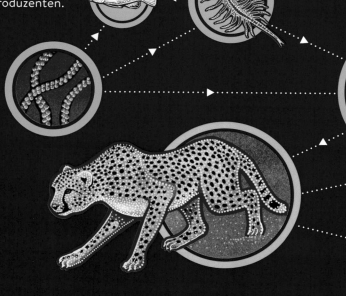  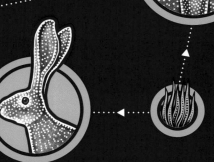

AUF DER JAGD

Das nächste Glied in der Nahrungskette nennt man Tertiärkonsument (dritter Konsument). Ein Gepard zum Beispiel könnte den Flamingo fressen. Ein Tier, das von einem anderen gejagt und gefressen wird, ist dessen **Beute**. Das Tier, das jagt, ist der **Beutegreifer**. Am Ende der Nahrungskette stehen Beutegreifer, die keine natürlichen Feinde haben. Im Beispiel ist das der Gepard, denn kein anderes Tier wird versuchen, ihn zu fressen.

EINE GROSSE SPEISEKARTE

Die meisten Tiere fressen nicht nur eine Sache. Und in der Regel gibt es mehrere Tierarten, die sich für die gleiche Nahrung interessieren. Geparden fressen nicht nur Flamingos, sondern jagen auch Antilopen und Hasen. Flamingos fressen auch die Algen, die von den Salzwasserkrebsen gefressen werden, nicht nur die Krebse selbst. So wird ihr Gefieder umso rosiger. Die Salzwasserkrebse haben weitere Fressfeinde, zum Beispiel Fische. Diese Verflechtung von Nahrungsketten wird auch Nahrungsnetz genannt. Nahrungsnetze stärken das Ökosystem, denn wenn eine Nahrung ausfällt, ist normalerweise eine andere da.

ENERGIEPYRAMIDE

Auf dem Weg durch die Nahrungskette geht eine Menge Energie verloren. Jedes Lebewesen braucht Energie, um sich zu bewegen, um seine Körpertemperatur zu halten und für viele andere Vorgänge. Damit für jedes Lebewesen genug Energie vorhanden ist, muss es viel mehr Produzenten als Konsumenten geben. Auch gibt es viel mehr Primärkonsumenten als Sekundärkonsumenten und so weiter. Das wird in der Energiepyramide gut sichtbar.

NICHTS GEHT VERLOREN

Nährstoffe lassen sich viel besser erhalten und recyceln als Energie. Das liegt an den vielen **Destruenten** (Zersetzern), die totes organisches Material fressen und in kleinste Bestandteile zerlegen. Zu ihnen gehören Fliegen, Käfer, Würmer, Pilze und Bakterien. Durch die Destruenten entsteht nährstoffreiche neue Erde, in der die Produzenten gedeihen können. Das Ganze nennen wir **Nahrungskreislauf**.

DER KREISLAUF IN DER NAHRUNGSPYRAMIDE

1. PRODUZENTEN werden gefressen von ... **2.** PRIMÄRKONSUMENTEN werden gefressen von ...
3. SEKUNDÄRKONSUMENTEN werden gefressen von ... **4.** TERTIÄRKONSUMENTEN
5. DESTRUENTEN fressen alle Produzenten und Konsumenten, sobald sie gestorben sind.
Sie wandeln das tote Material wieder in Nährstoffe um, die in die Nahrungspyramide eingehen.

WER NUTZT WEM?

DU GEHST MIT DEINEM HUND GASSI UND IHR HABT SPASS MITEINANDER.

Du wirfst Bällchen für ihn, er darf sich in Pfützen wälzen, und ihr kommt beide ziemlich verdreckt nach Hause. Nachdem ihr wieder sauber seid, bringt dir dein Hund deine Hausschuhe, und du gibst ihm sein Abendessen. Ihr gehört zwei verschiedenen Arten an, seid aber gerne zusammen. Es gibt öfter Beziehungen zwischen Angehörigen verschiedener Arten; aber nicht immer sind sie so freundschaftlich.

EIN SIEGER UND EIN VERLIERER

Wenn nur die eine Art einen Vorteil hat und die andere schlecht weg-kommt, spricht man von Parasitentum. Ein zum Himmel stinkendes Beispiel für einen **Parasiten** (Schmarotzer) ist *Rafflesia*, auch Monster-blume genannt. Ihre Blüte kann einen Durchmesser von bis zu einem Meter haben. Anders als andere Blütenpflanzen hat Rafflesia aber keinen Spross und keine Blätter und kann auch keine Photosynthese betreiben. Stattdessen lässt sie wurzelähnliche Leitungen in andere Pflanzen wachsen und zapft deren Pflanzensaft an. Der Nährstoffklau ist aber aufwendig, weshalb Rafflesia nur einmal im Jahr eine Blüte hervorbringt. Wenn sie blüht, breitet sich ein furchtbarer Gestank aus, der an vergammeltes Fleisch erinnert.

EIN SIEGER UND ... ACH, EGAL

Wenn eine Art einen Vorteil hat und es für die andere überhaupt keinen Unterschied macht, heißt die Verbindung **Kommen-salismus**. Die Kaisergarnele lässt sich zum Beispiel gerne von Meeresschnecken herumtragen, um woanders nach Nahrung zu suchen. Sie bewegt sich fort, ohne sich selbst anstrengen zu müssen, und spart auf diese Weise Energie. Die Meeresschnecke hat entweder nichts dagegen oder sie bekommt gar nicht mit, dass sie einen Fahrgast hat.

WIN-WIN

Manche Tiere und Pflanzen bilden symbiotische Gemeinschaften. Aus einer **Symbiose** ziehen beide Arten einen Vorteil. Warzen-schweine und Zebramangusten tun sich zumindest kurzzeitig zusammen: Die Warzenschweine legen sich hin und lassen die kleinen Raubtiere auf sich herumklettern. Die Langusten fressen alle Zecken und Läuse, die sie im Fell finden, und haben eine kleine Mahlzeit. Das Warzenschwein wird die lästigen Parasiten los. Jeder profitiert.

LEBENSGEMEINSCHAFTEN

1. AMEISEN beschützen BLATTLÄUSE vor Beutegreifern wie Marienkäfern und halten sie frei von Parasiten. Im Gegenzug dürfen sie den **Honigtau** fressen, den die Blattläuse ausscheiden. **2.** WOLLFLEDERMÄUSE machen gern ein Nickerchen im Fangtrichter der fleischfressenden KANNENPFLANZE *Nepenthes hemsleyana*. Bevor sie sie verlassen, koten sie hinein, was die Pflanze düngt.

3. BOXERKRABBEN benutzen SEEANEMONEN als stechende Boxhandschuhe, um Fressfeinde abzuschrecken. Die Seeanemone wird dafür gratis durch die Gegend getragen. **4.** Der CLOWNFISCH nutzt die SEEANEMONE im Korallenriff als Schutzraum. Seine Ausscheidungen sind Nahrung für die Seeanemone. Außerdem befreit er sie von Parasiten.

WICHTIGE DIENSTE

ES IST EIN SONNIGER TAG IM MAI UND DU SPAZIERST DURCH DIE LANDSCHAFT.

Durch die Hecken ziehen sich dornige Brombeerranken mit zarten weißen Blüten.
Du bemerkst, wie die Bienen diese Blüten anfliegen und eine nach der anderen besuchen.

Ein paar Monate später, an einem lauschigen Augustabend, kommst du wieder
vorbei und schaust, ob die Brombeeren reif sind. Vorsichtig pflückst du die
dunklen, saftigen Beeren und trägst sie in einem kleinen Gefäß nach Hause.

Die Brombeeren konnten nur deswegen reif
werden, weil die Bienen die Blüten vorher
bestäubt hatten. Eine Biene besucht am Tag
ungefähr 1500 Blüten, um den süßen Nektar
aus ihnen zu trinken. Dabei sammelt sie mit
ihren haarigen Beinen den Pollen der Blüte
ein und trägt ihn zu anderen Blüten. Jede
Pflanze braucht Pollen von anderen Blüten,
um Früchte tragen zu können.

Wir sind darauf angewiesen, dass Bienen, Schmetterlinge oder
Käfer die Blüten unserer Nutzpflanzen bestäuben. Gäbe es
diese Insekten nicht, müssten Himbeeren, Äpfel, Gurken,
Tomaten und viele andere Pflanzen von Menschen bestäubt
werden. Das wäre sehr aufwendig und teuer. Die Preise für
Lebensmittel würden steigen und es gäbe mehr Hunger auf
der Welt. Die Bestäubung der Pflanzen durch Insekten ist ein
Beispiel für die unbezahlbaren Dienste des Ökosystems.

WAS TUT DIE NATUR FÜR UNS?

Die Natur leistet uns Menschen eine Fülle wichtiger Dienste, die zu unserem Wohlbefinden beitragen oder sogar lebenswichtig für uns sind. Viele bemerken wir im Alltag gar nicht oder halten sie für selbstverständlich.

VERSORGUNG

Die Natur versorgt uns mit vielen Dingen, die wir essen, trinken oder anderweitig nutzen können: zum Beispiel essbare Pflanzen, Heilmittel und Rohstoffe wie Holz und Wasser.

ERNEUERUNG

Das Ökosystem ist ständig dabei, sich selbst zu erneuern und alles am Laufen zu halten. Gesunde Wälder reinigen zum Beispiel die Luft und wirken ausgleichend auf das Wetter. Natürliche Flussläufe sorgen für sauberes Wasser und verhindern Überschwemmungen. Insekten sorgen für die Vermehrung der Pflanzen.

ERHOLUNG

In der Natur fühlen wir Menschen uns wohl. Wir machen gerne Ausflüge, treiben draußen Sport, wir spielen und erholen uns an der frischen Luft. Manche Naturschauplätze begeistern und beflügeln uns. Sie können sogar eine religiöse Bedeutung haben.

ALLES WIRKT ZUSAMMEN

Damit ein Ökosystem funktioniert, müssen zahlreiche Vorgänge ineinandergreifen, wobei einer vom anderen abhängt. Was wäre die Natur ohne Photosynthese? Oder denk an den Nahrungskreislauf oder das Nahrungsnetz.

Die Dienste der Natur können von uns Menschen meist nicht ersetzt werden. Deshalb ist es wichtig zu verstehen, wie wir von den Dienstleistungen der Natur abhängen. Dann werden wir die Natur schützen und ihr in Zukunft mehr Platz einräumen.

BESSER ALS IHR RUF

AN EINEM HEISSEN SOMMERTAG MACHT IHR EIN PICKNICK IM GRÜNEN.

Du trinkst gerade ein Glas kühlen Orangensaft, als du ein Summen hörst. Oh nein! Eine Wespe macht sich an deinen Saft heran. Natürlich willst du auf keinen Fall gestochen werden. »Wespen sind so nervig«, sagt dein Freund. »Das Beste wäre, es würde sie gar nicht geben!«

....

Es gibt viele Lebewesen, die bei uns Menschen unbeliebt sind. Manche stechen oder beißen, andere sehen einfach nur gruselig aus, aber sie alle haben ihren Platz im Ökosystem. Du wärst überrascht, wie sehr du sie vermissen würdest, wenn sie weg wären!

NÜTZLICH FÜR DEN GARTEN

Was würde passieren, wenn es wirklich keine Wespen mehr gäbe? Es stimmt schon, erwachsene Wespen mögen gern Süßes wie Obst und Marmeladenbrote, aber die Jungen sind Fleischfresser und vertilgen andere Insekten. Ohne Wespen gäbe es unglaublich viele Raupen, die unsere Nahrung auffressen würden. Wespen sind also ein natürliches **Insektenvertilgungsmittel**.

JUCKENDE STICHE, LECKERE SCHOKO

Ein Mückenstich kann furchtbar jucken, doch wenn diese Insekten verschwänden, gäbe es vermutlich auch keine Schokolade mehr! Mücken sind die wichtigsten Bestäuber der Kakaopflanze, aus der Schokolade gemacht wird. Andere Insekten sind einfach nicht klein genug, um in die schwer zugänglichen Blüten zu gelangen. Also ist die Bestäubung vorrangig der Job dieser kleinen Blutsauger.

UN-KRAUT? UNSINN!

Unkraut ist keine bestimmte Pflanzengruppe. Es ist einfach ein Name, den wir allen Pflanzen geben, die sich leicht dort ausbreiten, wo wir sie nicht haben wollen. Doch viele »Unkräuter« sind für wilde Tiere sehr hilfreich. Blühendes Unkraut wie Löwenzahn, Gänseblümchen und Klee bietet den bestäubenden Insekten Nahrung. Die Berührung mit Brennnesseln ist schmerzhaft, aber genau deswegen gehen auch Schafe und Kühe Brennnesseln aus dem Weg. Das macht die Pflanze zu einem wunderbaren Rückzugsort für viele Insekten.

Vermutlich würden wir »nervige« Arten also ganz schön vermissen, wenn sie nicht mehr da wären. Vielleicht sollten wir ohnehin die Vorstellung überdenken, dass es bessere und schlechtere Arten gibt – je nachdem, ob sie für uns nützlich sind oder nicht. Das ist eine sehr ich-bezogene Sicht auf die Natur.

LAUTER NÜTZLINGE

1. SPINNEN fressen Insekten und verhindern, dass es zu viele werden. **2.** Die Früchte des **GIFTEFEUS** werden von zahlreichen Vogelarten gefressen. Ohne diese Pflanze würde es viel weniger Vögel geben. **3. SCHLANGEN** fressen Nagetiere wie Ratten, die Krankheiten übertragen können, und halten deren Zahl in Schach. **4. HAIE** haben im Ozean keine natürlichen Feinde. Durch ihre Jagd auf andere Meereslebewesen sorgen sie für ein gewisses Gleichgewicht und damit für Vielfalt. Ohne die Haie würden sich manche Tiere zu stark vermehren und andere verdrängen. Außerdem sind Haie schlampige Esser, die viel übrig lassen, was Aasfressern zugutekommt. **5. RATTEN** sollten zwar in Städten nicht überhandnehmen, aber in der Wildnis helfen sie, Pflanzensamen zu verbreiten. Ohne Ratten wäre es für viele Pflanzen schwer, sich zu vermehren.

EINDRINGLINGE, AUFGEPASST!

DU ENTSPANNST DICH IN EINEM PARK. DIE BIENEN SUMMEN, DIE BLUMEN BLÜHEN,

aber an einer Eiche in der Nähe scheint etwas Merkwürdiges vor sich zu gehen. Du schaust genauer hin und stellst fest, dass sich eine endlose Schlange haariger Raupen um den Baumstamm herumbewegt, wie bei einer Polonaise!

Das sieht zwar irgendwie witzig aus, aber diese Raupen wachsen zu Eichenprozessionsspinnern heran, die nach Nordeuropa eingewandert sind und hier Probleme verursachen.

WAS IST EINE INVASIVE ART?

Einheimische Arten kommen in einem bestimmten Lebensraum natürlicherweise vor, während gebietsfremde Arten anderswo herkommen. Als invasive Arten bezeichnet man nichteinheimische Tiere, Pflanzen oder Pilze, die sich leicht ausbreiten und das einheimische Ökosystem stören.

GROSSE FRESSER

Invasive Arten sind meistens durch uns Menschen in einen neuen Lebensraum gelangt. Der Eichenprozessionsspinner beispielsweise wurde 2006 mit importierten Eichen versehentlich nach England gebracht. In seinem Herkunftsgebiet in Süd- und Mitteleuropa gibt es genügend Tiere, die die Raupen fressen. Aber in England und großen Teilen Nordeuropas erkennen mögliche Beutegreifer die Raupen nicht als Nahrung, sodass sich die Eichenprozessionsspinner stark vermehrten. Eine riesige Zahl von Raupen fraß so viele Blätter, dass zahlreiche Eichen krank wurden.

EINE ANTWORT AUF DEN KLIMAWANDEL

Auch die steigenden Temperaturen können Arten dazu bringen, ihren Lebensraum zu verlassen. So war es beim Rotfeuerfisch, der invasiv im Atlantischen Ozean lebt. Der stachelige Fisch mag warmes Wasser und ist ursprünglich in den Korallenriffen des Südpazifiks und des Indischen Ozeans zu Hause. Nachdem sich das Wasser in den Ozeanen erwärmt hat, konnte sich der Fisch über ein viel größeres Gebiet ausbreiten. In seinem Ursprungsgebiet wird er von größeren Fischen gejagt. Im Atlantik hat er hingegen kaum Fressfeinde und kann sich ungestört vermehren. Zu viele Rotfeuerfische schaden dem Ökosystem, weil sie zu viele andere Fische fressen.

NICHTEINHEIMISCH IST NICHT GLEICH SCHLECHT

Nicht alle gebietsfremden Arten schaden ihrer Umgebung. Manche können sich in das unbekannte Ökosystem gut einfügen und sogar die Rolle einer anderen Art übernehmen, die **gefährdet** oder **ausgestorben** ist. Der Bermuda-Krabbenreiher war auf den Bermuda-Inseln einst der größte Fressfeind der Landkrabben. Doch im 17. Jahrhundert starb er aus – vermutlich, weil die damals eingewanderten englischen Siedler ihn jagten und außerdem Katzen mit auf die Inseln brachten, die die Reiher störten. Ohne den Krabbenreiher vermehrten sich die Landkrabben massenhaft überall auf den Inseln. In den 1970er-Jahren beschloss die Regierung, den ausgestorbenen Reiher durch einen noch lebenden Verwandten zu ersetzen, um die Krabbenplage einzudämmen. Sie siedelten den Gelbkronenreiher aus Florida auf Bermuda an. Mit Erfolg: Die Gelbkronenreiher wurden heimisch und die Zahl der Landkrabben ging zurück.

WARUM STERBEN ARTEN AUS?

WENN ES KEINE LEBENDEN VERTRETER EINER ART MEHR GIBT, BEZEICHNET MAN DIE ART ALS AUSGESTORBEN.

99 % aller Lebewesen, die je auf der Erde gelebt haben, sind ausgestorben. In den Jahrmillionen der Evolution sind immer wieder neue Arten an ihre Stelle getreten. Das Leben sah nicht immer so aus wie heute.

Normalerweise geschieht das Aussterben von Arten langsam, über einen langen Zeitraum. Doch in der Erdgeschichte hat es immer wieder Zeiten gegeben, in denen viele Arten auf einmal und viel schneller als sonst ausgestorben sind. Ein solches Massensterben hat es in der Erdgeschichte schon fünf Mal gegeben. Das letzte Mal war vor 65 Millionen Jahren, als ein großer Meteorit auf der Erde einschlug und die meisten Dinosaurier auslöschte.

Heute geht die biologische Vielfalt rasant zurück. Es sterben mehr Tierarten aus als jemals zuvor in der Geschichte der Menschheit. Sehr viele gelten als gefährdet, was bedeutet, dass sie vom Aussterben bedroht sind.

DIE GRÜNDE FÜR DAS MASSENSTERBEN

Das Aussterben einer Art kann auf natürliche Weise geschehen: durch **Naturkatastrophen**, aufgrund von klimatischen Veränderungen oder weil sich Lebensräume verändern. Für das Artensterben unserer Zeit ist der Mensch verantwortlich. In früheren Jahrhunderten haben Menschen der Tierwelt vor allem durch die Zerstörung von Lebensräumen, durch Überjagung und durch die Einschleppung invasiver Arten geschadet (siehe Seite 28–29). Heute führt auch der menschengemachte **Klimawandel** zum Aussterben vieler Arten, weil sich die Lebensräume so schnell verändern, dass Pflanzen und Tiere sich nicht anpassen können.

KÖNNEN WIR SIE WIEDER ZUM LEBEN ERWECKEN?

Im Jahr 2003 wurde mithilfe von Gentechnik ein kleiner Pyrenäen-Steinbock geboren, obwohl die Tierart bereits ausgestorben war. Doch das **geklonte** Steinbockkitz starb wenige Minuten nach seiner Geburt. Somit ist der Pyrenäen-Steinbock das erste Tier in der Geschichte, das zweimal ausgestorben ist!

Bisher ist es uns noch nicht gelungen, ausgestorbene Tiere wieder zum Leben zu erwecken. Allerdings haben einige Wissenschaftler und Wissenschaftlerinnen die Hoffnung, dass ausgestorbene Tiere mit einer verbesserten Technologie künftig wieder gezüchtet werden können. Das könnte ein Plan B sein, aber viel besser wäre es, zu verhindern, dass so viele Arten aussterben.

Werden wir die Dronte oder die Dinosaurier jemals auf die Erde zurückbringen? Auch wenn du es vielleicht in Filmen gesehen hast, ist es sehr unwahrscheinlich. Wir haben nicht genug genetisches Material von diesen Tieren, da sie schon lange ausgestorben sind.

TOT WIE EIN DODO

Der Dodo, auch Dronte genannt, war ein flugunfähiger Vogel, der auf der Insel Mauritius
lebte. Ohne natürliche Feinde hatte er ein sorgloses Leben, bis im 17. Jahrhundert
holländische Schiffe auf der Insel landeten. Der Dodo soll nicht besonders gut geschmeckt
haben, sodass er vermutlich kaum bejagt wurde. Aber die Holländer brachten Tiere mit
auf die Insel, unter anderem auch Schweine, die sehr gerne Eier fressen. Das wurde dem
Dodo zum Verhängnis, denn er legte seine Eier einfach auf den Boden und brütete
sie dort aus. Nach 80 Jahren, in denen sein Lebensraum zerstört wurde und seine Eier
regelmäßig aufgefressen wurden, war der Dodo ausgestorben.

ZURÜCK IN DIE WILDNIS

MANCHE ARTEN SIND ZWAR NOCH NICHT AUSGESTORBEN, ABER IN FREIER WILDBAHN
gibt es sie nicht mehr. Alle verbliebenen Vertreter der Art leben in Gefangenschaft,
zum Beispiel in Zoos. Es ist nicht leicht, diese Tiere wieder auszuwildern, weil sie sich an
die Fürsorge des Menschen gewöhnt haben.

....

Einige Verhaltensweisen und Überlebenstricks sind Tieren angeboren,
doch andere lernen die Jungen von ihren Eltern. Genau diese Fähigkeiten
und Tricks fehlen Zootieren oft.

Es ist schwierig, aber nicht unmöglich, Zootiere wieder auszuwildern. Der
Wisent (Europäischer Bison) war 1927 in freier Wildbahn nahezu ausgestorben. Durch die Auswilderung in Nationalparks in den 1950er-Jahren
gibt es heute wieder große Herden frei lebender Wisente.

Manche Tierarten sterben nur in einem bestimmten Lebensraum aus, sind
aber anderswo noch vorhanden. In so einem Fall ist es leichter, die Tiere
neu anzusiedeln. Wenn man Wildtiere einfängt und dort wieder aussetzt,
wo die Art früher schon einmal lebte, werden sie sich voraussichtlich
behaupten. Denn die Jungtiere lernen ja weiterhin die Überlebenstricks
von ihren Eltern. Seit wir mehr darüber wissen, wie Ökosysteme funktio-
nieren, sind solche Ansiedlungsprojekte häufiger geworden.

SCHLÜSSELARTEN

Artenschutzprojekte siedeln gezielt solche Arten an, die eine
besonders wichtige Rolle im Ökosystem haben und die biologische Vielfalt verbessern. Man nennt solche Arten auch
Schlüsselarten. Ein Beispiel ist der Biber. Biber wurden in
mehreren Gebieten wieder angesiedelt, in denen sie schon ausgestorben waren. Das Ziel war eine größere Artenvielfalt und
der Hochwasserschutz. Biber bauen nämlich Dämme, die die
Fließgeschwindigkeit der Flüsse verringern und Feuchtgebiete
schaffen, in denen sich viele Insekten wohlfühlen. Und die sind
wieder Nahrung für andere Tiere.

BEUTEGREIFER SORGEN FÜR BALANCE

Viele Schlüsselarten sind Beutegreifer. Ihre Anwesenheit ist wichtig, damit andere Arten im Ökosystem nicht überhandnehmen. Ohne Beutegreifer gäbe es niemanden, der Primärkonsumenten davon abhielte, zu viele Produzenten zu fressen und damit das Ökosystem aus dem Gleichgewicht zu bringen. Viele große Beutegreifer sind gefährdet oder ausgestorben, weil die Menschen sich von ihnen bedroht fühlten und sie zu sehr bejagten.

Der Eurasische Luchs war in den Wäldern Europas sehr verbreitet. Seine Bestände gingen schon vor 1500 Jahren stark zurück. Heute ist er in einigen Ländern, zum Beispiel England, ausgestorben, in anderen, wie Norwegen und Finnland, stark gefährdet. In Deutschland, Slowenien und der Schweiz ist er erfolgreich wieder ausgewildert worden.

Die bloße Anwesenheit des Luchses beeinflusst die Landschaft um ihn herum. Sein Geruch vertreibt Rehe und andere Tiere, die gerne junge Triebe fressen. So haben die Pflanzen mehr Zeit zu wachsen und sich zu erholen. Der Wolf, auch eine Schlüsselart, hat eine ähnliche Wirkung auf seine Umgebung.

HEILMITTEL
AUS DER NATUR

FAST DIE HÄLFTE ALLER HEUTIGEN MEDIKAMENTE STAMMT AUS DER NATUR.

Für viele Krankheiten suchen wir noch nach Heilmitteln. Vielleicht liegt die Lösung in der Artenvielfalt.

EINE WANDELNDE APOTHEKE

Das Fell von Faultieren sieht grünlich und verschimmelt aus, als müsste es dringend mal geschrubbt werden. Dabei ist es ein kleines Ökosystem für sich. Die gerillte Haarstruktur ist sehr einladend für bestimmte Pilze, Algen und Bakterien. Die verschiedenen Lebewesen im Fell der Faultiere werden zurzeit genau erforscht, denn einiges deutet darauf hin, dass manche als Heilmittel gegen Krankheiten verwendet werden könnten, darunter einige Arten von Krebs, resistente Keime und Malaria.

TOLLE IDEEN AUS DER NATUR

Während manche Medikamente natürlichen Ursprungs sind, haben andere Vorbilder in der Natur. Hast du schon mal versucht, ein Pflaster auf nasse Haut zu kleben? Der Kleber hält dann meistens nicht und das Pflaster rutscht wieder ab. Und wer in der Natur ist so richtig gut darin, sich an nasse Oberflächen zu kleben? Seepocken! Du findest sie an wasserumspülten Felsen, und sie haften sogar an sehr schmutzigen Oberflächen. Diese Haftfähigkeit ist auch beim Verschließen von Wunden wichtig. Forschende haben untersucht, wie die Seepocken sich festkleben, das Prinzip kopiert und einen künstlichen Kleber erfunden, mit dem Wunden in weniger als 15 Sekunden verklebt werden können.

DIE ZUKUNFT DER MEDIZIN

Die genaue Beschäftigung mit der Biologie kann zu bahnbrechenden Entwicklungen in der Medizin führen. Axolotl sind in der Lage, ihre Gliedmaßen nachwachsen zum lassen. Diese faszinierende Eigenschaft nennt man Regenerationsfähigkeit. Vielleicht gelingt es ja eines Tages, die Superkraft dieser Salamanderart besser zu verstehen und auf den Menschen zu übertragen. Dann könnte man nach Unfällen oder Operationen auch menschliche Körperteile neu wachsen lassen.

LAUTER HEILMITTEL

1. Die Pazifische Eibe ist Grundlage für ein Medikament gegen Brustkrebs und Eierstockkrebs.

2. Verklumpungen in Blutgefäßen lassen sich mit dem Speichel der Vampirfledermaus lösen.

3. Aspirin, ein Schmerzmittel mit vielen Anwendungsmöglichkeiten, wurde früher aus der Weidenrinde gewonnen.

4. Ein Extrakt aus den Blüten des Madagaskar-Immergrüns wurde gegen Malaria eingesetzt.

WAS WIR FÜR DIE
ARTENVIELFALT
TUN KÖNNEN

ARTENVIELFALT IST AUS UNZÄHLIGEN GRÜNDEN WICHTIG.

Wir sollten diese Vielfalt unterstützen, schützen und
noch besser verstehen lernen.

NEUE LEBENSRÄUME SCHAFFEN

Wenn wir der Natur neuen Raum geben, in dem sie sich ausbreiten kann, fördern wir die Artenvielfalt. Wir können zum
Beispiel Bäume anpflanzen und dafür sorgen, dass sie sich zu
einem gesunden Wald entwickeln. Aber es geht auch eine
Nummer kleiner: Jeden Garten, auch die kleinste Außenfläche,
kann man tierfreundlich gestalten. Wenn du Blumen aussäst,
schaffst du eine Lebensgrundlage für bestäubende Insekten.
Oder du legst einen kleinen Teich an oder stapelst einen
Haufen Totholz auf, damit sich Pilze und Insekten ansiedeln.

ALTE LEBENSRÄUME SCHÜTZEN

Bäume zu pflanzen und der Natur Raum zu geben, den sie erobern
kann, ist eine sinnvolle Maßnahme. Noch wichtiger ist es, bestehende
Lebensräume zu erhalten, zum Beispiel Urwälder. Bäume können
mehrere Hundert Jahre alt werden, manche sogar Jahrtausende! Alte
Wälder bilden weitaus vielfältigere Lebensräume als junge Wälder und
filtern die Luft viel besser. Wenn sie einmal weg sind, kann man sie
nicht so schnell ersetzen. Sei achtsam, wenn du in alten Wäldern
unterwegs bist, und bleibe immer auf den Wegen. Du kannst dich
auch einer Naturschutzgruppe anschließen und dich um einen alten
Wald in deiner Nähe kümmern.

NATURINSELN MITEINANDER VERBINDEN

Wilde Tiere müssen sich frei bewegen können. Natürliche Lebensräume sind oft von Straßen und Autobahnen durchschnitten. Auch Mauern und Zäune können für Tiere unüberwindbar sein. Wenn man das im Blick hat und Verbindungswege zwischen den grünen Inseln schafft, sind Tiere auf ihren Wanderungen weniger bedroht. Ein Korridor für Tiere kann ein Tunnel sein, der unter einer Straße hindurchführt, oder eine Öffnung im Gartenzaun, durch die kleine Tiere wie Igel hindurchkrabbeln können.

NATURNAHE LANDWIRTSCHAFT

Wir verwenden große Flächen, um Nahrungsmittel anzubauen. Also wäre es gut, wenn wir die Landwirtschaft so betreiben, dass sie die Artenvielfalt unterstützt. Das kann zum Beispiel bedeuten, dass verschiedene Pflanzen nebeneinander angebaut werden und nicht nur eine einzige Art. Oder dass weniger künstlicher Dünger und Insektenvernichtungsmittel eingesetzt werden. Wenn du beim Einkauf darauf achtest, wo die Lebensmittel herkommen, kannst du gezielt Bauern in deiner Umgebung unterstützen, die etwas für die Artenvielfalt tun.

LERNEN UND TEILEN

Je mehr wir über die Artenvielfalt wissen, desto besser können wir sie fördern. Du kannst auch als Laie bei Forschungsprojekten mitmachen. In der Biologie arbeiten Bürgerinnen und Bürger oft bei Projekten mit, indem sie zum Beispiel eine bestimmte Art beobachten. Je nachdem, wo auf der Erde du wohnst, kann das bedeuten, dass du Käfer zählst, die Geräusche der Frösche dokumentierst oder Pflanzen bestimmst. Teile dein Wissen über die Artenvielfalt mit den Menschen in deiner Umgebung und begeistere sie dafür.

GLOSSAR

Anpassung Lebewesen verändern sich allmählich, über einen langen Zeitraum hinweg, um in ihrem natürlichen Lebensraum überleben zu können. Sie passen sich an ihre Umgebung an.

Art Pflanzen oder Tiere einer Art sind eng verwandt und können sich untereinander fortpflanzen.

Atmung Fast alle Lebewesen brauchen Sauerstoff zum Leben. Mit der Atmung nehmen sie Sauerstoff aus der Luft oder aus dem Wasser auf und geben Kohlendioxid ab. Säugetiere atmen mit ihren Lungen, Fische mit Kiemen.

Ausscheidung Lebewesen geben Abfallstoffe nach außen ab. Sie scheiden zum Beispiel Kot, Urin, Schweiß oder Gase aus.

Aussterben Wenn es keine lebenden Vertreter einer Pflanzen- oder Tierart mehr gibt, ist sie ausgestorben.

Bestäuben Fliegende Insekten wie Bienen und Schmetterlinge tragen den Pollen (Blütenstaub) einer Pflanze zur nächsten und bestäuben damit das weibliche Geschlechtsorgan der Pflanze.

Beute Ein Tier, das von anderen gejagt und gefressen wird

Beutegreifer Ein Tier, das andere Tiere erbeutet und frisst. Anderes Wort: Fressfeind, Räuber

Biom Riesiges Ökosystem, zum Beispiel der Regenwald

Destruenten Lebewesen, die totes organisches Material zersetzen. Zum Beispiel Bakterien, Pilze, manche Insekten, alle Aasfresser

Divergenz So nennt man es, wenn eng verwandte Arten unterschiedliche Merkmale entwickeln. Das passiert häufig dann, wenn Gruppen einer Art voneinander getrennt werden. Die beiden Gruppen entwickeln sich dann auseinander – in Anpassung an ihren jeweiligen Lebensraum.

Evolution Die allmähliche Ausbildung neuer Merkmale bei den Nachkommen von Lebewesen. Über viele Generationen hinweg verändern sich Arten.

Fossil Erhaltene Reste oder Spuren von Tieren oder Pflanzen, die vor langer Zeit gelebt haben. Oft sind sie in Gestein eingeschlossen.

Gefährdete Art Eine Pflanzen- oder Tierart, bei der die Gefahr besteht, dass sie ausstirbt. Hintergrund für die Gefährdung ist oft die Vernichtung des natürlichen Lebensraums.

Gene Informationen in jeder Zelle eines Lebewesens, die bestimmen, wie die Zelle wächst und was sie tut

Genetische Mutation Plötzliche Veränderung eines Gens, die bewirken kann, dass das Lebewesen neue Merkmale oder Eigenschaften ausbildet. Die meisten Mutationen sind harmlos, manche können jedoch Schäden oder Krankheiten verursachen.

Habitat Natürlicher Lebensraum eines Lebewesens

Honigtau Süß-klebrige Substanz, die von Blattläusen ausgeschieden wird

Kiemen Organ, mit dem Fische und andere Wassertiere unter Wasser atmen können

Klima Die durchschnittlichen Wetterbedingungen in einer bestimmten Gegend über einen langen Zeitraum hinweg

Klonen Eine Kopie von einem Lebewesen herstellen, die genetisch mit diesem vollkommen übereinstimmt.

Kommensalismus Eine Art des Zusammenlebens zweier Lebewesen, bei dem das eine Nutzen aus der Gemeinschaft zieht und das andere weder Nutzen noch Schaden

Konsument Ein Lebewesen in der Nahrungskette, das die von ihm benötigte Energie nicht selbst herstellt, sondern andere Lebewesen frisst (konsumiert)

Konvergenz Die evolutionäre Entwicklung ähnlicher Merkmale bei nicht verwandten Arten

Menschengemachter Klimawandel Weil wir Menschen fossile Rohstoffe wie Erdöl und Erdgas verbrennen, steigt die Temperatur auf der Erde zu schnell an.

Mikrohabitat Der Lebensraum eines bestimmten Lebewesens kann sehr klein und ganz anders beschaffen sein als die weitere Umgebung. Innerhalb des Habitats Wald bildet zum Beispiel die Bromelienblüte für die Baumfrösche ein Mikrohabitat.

Mikroorganismen Kleinstlebewesen, die man mit bloßem Auge nicht sehen kann

Nährstoffe Stoffe, die Lebewesen zum Leben und zum Wachsen benötigen

Nahrungskette Eine gedachte Reihe von Lebewesen, die dadurch verbunden sind, dass das eine vom anderen gefressen wird, also Energie an das nächste Glied der Kette weitergibt

Nahrungskreislauf Ein ständig ablaufender Vorgang: Totes Material wird zersetzt und gelangt als Nährstoffe in den Boden. Die Nährstoffe werden von Pflanzenwurzeln aufgenommen und helfen den Pflanzen beim Wachsen. Die Pflanzen werden von Tieren gefressen, die von anderen Tieren gefressen werden oder sterben. Mit dem Sterben und der Zersetzung schließt sich der Kreis.

Nahrungsnetz Ein Gebilde aus mehreren sich kreuzenden oder überlappenden Nahrungsketten. Es zeigt, wo jedes Lebewesen des Ökosystems seine Nahrung herbekommt.

Naturkatastrophe Ein natürliches Ereignis wie ein Erdbeben, ein Wirbelsturm oder eine Überflutung, durch das vieles zerstört wird

Ökosystem Die Gesamtheit von Lebewesen und ihrer Umgebung in einem bestimmten Gebiet. Lebewesen und Umgebung beeinflussen sich gegenseitig.

Organisches Material Überreste von nicht mehr lebendigen Pflanzen oder Tieren

Organismus Wissenschaftlicher Begriff für ein Lebewesen, zum Beispiel eine Pflanze, ein Pilz, eine Bakterie oder ein Tier

Parasit Ein Lebewesen, das in oder auf einem anderen Lebewesen, seinem »Wirt«, lebt. Dem Parasiten nutzt diese Lebensgemeinschaft, aber der Wirt geht mit der Zeit zugrunde.

Photosynthese Ein Vorgang, bei welchem grüne Pflanzen, Algen und viele Bakterien mithilfe von Sonnenlicht aus Kohlendioxid und Wasser ihre eigene Nahrung und Sauerstoff herstellen

Produzenten Lebewesen wie grüne Pflanzen und Algen, die ihre Nahrung selbst herstellen können

Revier Ein Gebiet, das von einem Tier oder einer Gruppe Tiere bewohnt und gegen Artgenossen und andere Tiere verteidigt wird

Sauerstoff Ein Gas, das sich in Luft und Wasser befindet und das alle Tiere mit der Atmung aufnehmen

Schlüsselart Eine Art, die eine besonders wichtige Rolle im Ökosystem hat. Ihre Anwesenheit sorgt für ein gesundes Ökosystem mit großer Artenvielfalt. Fehlt die Art, verändert sich das Gefüge stark.

Symbiose Zusammenleben zweier Arten, aus dem beide einen Nutzen ziehen

Wirbellose Tiere ohne Rückgrat

Wirbeltiere Tiere mit Rückgrat

Zellen Die kleinsten Baueinheiten, aus denen Lebewesen bestehen. Aus der Verschmelzung einer einzigen Eizelle mit einer einzigen Samenzelle kann durch Zellteilung ein neues Lebewesen heranwachsen.

REGISTER